Saindo Dessa:
Caderno de Recuperação de Maus-Tratos e a Violência Familiar

Esly Regina S. de Carvalho, Ph.D.

TraumaClinic Edições

Saindo Dessa: *Caderno de Recuperação doe Maus-Tratos e a Violência Familiar*

© 1992, 2015 Esly Regina Souza de Carvalho

ISBN-10:1941727123
ISBN-13: 978-1-941727-12-6

Capa: Claudio Ferreira
Edição e layout: Esly Regina S. de Carvalho, Ph.D.
Tradução do espanhol: Esly Regina S. de Carvalho

TraumaClinic
Edições

TraumaClinic Edições
SEPS 705/905 Ed. Santa Cruz sala 441
70.390-755 Brasília, DF Brasil
WWW.traumaclinicedicoes.com.br

Agradecimentos

Agradecemos a colaboração de toda a equipe técnica do Centro Equatoriano para a Promoção e Ação da Mulher (CEPAM) assim como às participantes dos grupos que ali se reuniram durante os anos de 1991-92, quando este material foi implementado na sua Casa de Refúgio para mulheres saindo da violência, e especialmente à Ana Maria Oviedo, Myriam Garces e Anna Cristina Ruiz.

Dedicatória

A todas as mulheres que tiveram a coragem de romper o silêncio de sua situação...

... e às que querem fazê-lo...

Índice

Apresentação

No ano de 1992, abriu-se em Quito a Casa de Refúgio do Centro Equatoriano para a Promoção e Ação da Mulher (CEPAM). Era para mulheres e crianças vítimas da violência doméstica e abuso sexual. Esta casa tornou-se um ponto de referência institucional: a prática diária contribuiu com os fundamentos necessários para que se pudesse desenvolver esta proposta. Em conjunto com a Secretaria da Pastoral de Família, Mulheres e Crianças do Conselho Latino-Americano de Igrejas (CLAI) se desenvolveu um trabalho metodológico pioneiro em relação a esta problemática. Incorporaram-se os conhecimentos teóricos e os estudos práticos já realizados com uma metodologia vivencial e transformadora da psicologia e do psicodrama dentro de um referencial cristão.

A psicóloga e psicoterapeuta, **Ana Matilde Oviedo,** equatoriana, completou seus estudos na Espanha e na Suécia aonde trabalhou por longos períodos com as vítimas da violência organizada. Integrava a equipe de CEPAM que desenvolveu o trabalho na Casa de Refúgio com mulheres e crianças.

A psicóloga psicodramatista, **Esly Regina Souza de Carvalho,** brasileira, especialista na teoria e prática do sociodrama, psicodrama e sociometria desenvolveu a metodologia. Ela já tinha escrito vários livros e cadernos sobre as dificuldades que mais afetam a família na vida moderna, tais como o divórcio, os problemas de filhas e filhos de pais separados/divorciados, pessoas afetadas pela AIDS e outros temas de grande interesse.

A trabalhadora social e também psicodramatista, **Anna Cristina Ruiz**, fez parte da equipe que trabalhou diretamente com as mulheres do projeto piloto que validou este trabalho.

Este material, agora traduzido para o português, é oferecido às diferentes instâncias e comunidades que trabalham esta questão. Queremos contribuir com o tratamento e a recuperação das pessoas vítimas da violência que afeta a todos nós. É nosso desejo que possa contribuir para romper o ciclo de violência do nosso país.

Se você gostaria de ficar a par do que estamos desenvolvendo nessa área, fique a vontade de se inscrever par receber nossas correspondências. Enviamos notinhas eventuais, com recomendações sugestões, novidades e recursos. Aqui está o link:

http://bit.ly/1E9FH8Z

Considerações Iniciais

"Então abri a porta para o meu amor, mas ele já havia ido embora. Como eu queria ouvir a sua voz! Procurei-o, porém não o pude achar; chamei-o, mas ele não respondeu. Os guardas que patrulhavam a cidade me encontraram; eles me bateram e me machucaram; e os guardas das muralhas da cidade me arrancaram a capa." Cantares 5:6-7 (Linguagem de Hoje).

Esta passagem bíblica nos demonstra que até a Bíblia menciona a violência contra as mulheres. Neste breve trecho de Cantares de Salomão vemos várias das pressuposições e mitos correntes que, infelizmente, ainda hoje contribuem com a questão dos maus-tratos contra a mulher:

1. Uma mulher, encontrada na noite, na rua, não pode ser uma mulher virtuosa; portanto, os homens que a encontram podem fazer com ela o que quiserem.
2. A mulher é um "objeto" sem valor; pode-se usá-la conforme o desejo dos homens: aproveitar-se dela sexualmente, tirar sua roupa, bater nela não é mais "do que ela merece", dita o conceito popular.
3. Por mais que a mulher argumente a sua inocência a culpa é "sempre" sua: estava aonde não deveria estar, com quem não deveria estar, na hora em que não deveria estar, fazendo o que não deveria estar fazendo. Se fosse "uma boa moça" ou "uma mulher honrada" nada disto aconteceria com ela.

Desde os tempos de Salomão e da sulamita até os nossos dias muito pouco mudou a favor da condição da mulher. Ainda está no duplo vínculo: independente da atitude que assuma, sempre será a culpada da situação.

É muito triste ter que dizer que nos dias atuais as mulheres continuam sendo vítimas da violência social, econômica e doméstica. Continuam encurraladas nos seus lares pelo silêncio: esta noção errada de que se guardar o segredo um dia o marido vai mudar e poderão viver em paz.

Cremos que é nossa tarefa romper o silêncio. Acreditamos que devemos levantar a voz profética e denunciar o terrível segredo da violência familiar. Além do mais, devemos acompanhar às pessoas envolvidas nesta situação para que possam encontrar soluções sadias, e resolver seus conflitos buscando novas formas de comunicação familiar.

Com esta finalidade é oferecemos este simples caderno. Temos a esperança de que as pessoas de nosso continente poderão fazer intervenções terapêuticas nas vidas das pessoas vitimados pela violência familiar.

Introdução

Neste material abordamos um dos segredos mais bem guardados que existe em relação à vida familiar: a violência intrafamiliar.

Vemos que no interior da família surgem relações de poder e de dependência afetiva entre todos seus membros. Isto faz com que seja um terreno propício para a violência, sendo o abuso psicológico o mais determinante. Em geral, são as mulheres, tanto adultas como meninas, as que mais sofrem estas agressões.

A violência é definida por Gelles e Strauss como "uma intervenção ou um ato empregado a fim de fazer mal ou humilhar a outra pessoa. A violência é a intenção de uma pessoa usar a força física e/ou verbal para manifestar o desejo de por fim a um conflito. A violência está presente dentro da relação de domínio de uma pessoa em relação à outra, empregando meios sutis e/ou evidentes para conseguir a apatia e anulação do outro." (*Society and Change in Family Violence*, 1975-85).

O fenômeno da violência conjugal é uma realidade que testifica a opressão das mulheres dentro das nossas sociedades atuais por meio de leis sociais e econômicas de índole patriarcal.

Na sociedade e na família existe uma série de causas e condicionamentos sociais, econômicos e ideológicos que fazem com que as tensões e os enfrentamentos formem parte das relações entre seus membros. Estas relações no seio da família vêm gerando lutas de poder e autoridade que marcam os relacionamentos entre os sexos, contribuem para que se

11

legitime a vitimização das mulheres e as prepara, desde sua infância, para uma vida de passividade e consagração em direção aos outros; recebendo uma aprendizagem intuitiva e um comportamento de diminuir-se ou negar-se a si mesmas, cheias de sentimentos de culpa e sem uma opção para que se possa revelar ou escolher.

Por outro lado, os homens agressores percebem sua perda de controle como algo que legitima a sua atitude. Basta que sua esposa se negue a cumprir um dos seus desejos para justificar as humilhações físicas ou psíquicas.

A humilhação física talvez seja a mais visível e menos "dolorosa", mas vai junto com a violência psicológica com o risco de terminar em situações desastrosas. Vale assinalar que a violência psicológica é a menos visível, mas a mais insidiosa visto que contribui para a redução da autoconfiança nas suas vítimas e a menosprezar seu valor pessoal. Esta é umas das razões pelas quais uma mulher maltratada precisa de um enorme apoio para crer novamente nas suas próprias capacidades, valorizar-se outra vez, crescer na sua autoestima, ser respeitada, saber que têm direitos como pessoa assim como chegar a compreender o que significa ter o privilégio de recuperar a sua segurança afetiva e física. Um homem agressor também precisa aprender outras formas de relacionar-se e de comunicação.

A esperança renasce em toda mulher maltratada quando começa a recuperar suficiente valor próprio para conseguir lutar por um espaço na vida. A esperança no homem surge quando ele toma consciência de seu enorme potencial agressivo e destruidor que o impede também de conseguir um espaço na vida. Alcançar estes objetivos é algo árduo e difícil. Como uma contribuição para tal finalidade é que elaboramos este caderno, que pode ser usado em grupos de reflexão.

A. Meus relacionamentos

1. Minha família de origem

Para que possamos saber para onde vamos é necessário saber de onde viemos. Abaixo, faça um desenho da sua família de origem: as pessoas que cuidaram de você, sua mãe, seu pai, irmãos e irmãs ou as pessoas que cumpriram estes papéis na sua vida. Não se preocupe se não sair um desenho lindo. A maioria das pessoas não sabe desenhar melhor que uma criança de seis anos. O importante é que possa expressar o que você tem a dizer.

Agora, pense um pouco sobre o seu desenho. Quantas pessoas estão incluídas? Que expressão tem? Quais os sentimentos que transmite o seu desenho? Se você participa de um grupo, compartilhe com os outros um pouco do que significa viver nesta família.

Perguntas adicionais:
- Quantas pessoas fazem parte da sua família? Descreve-as: seu pai, sua mãe, seus irmãos e irmãs, seu marido, outras pessoas significativas na sua vida, como uma avó, ou uma empregada.

- O que você acha da sua família? Que adjetivo usaria para descrever o ambiente em casa? O que você mais gostava na sua família? O que menos gostava? Como é que vocês gastavam o tempo livre em família?

2. Minha família atual

Faça um desenho da sua família atual.

Quem compõe sua família? Como é que estão organizados no seu desenho? Você se esqueceu de incluir alguém? Que sentimento transmite o seu desenho? Se você pudesse descrever sua família com algum adjetivo, qual seria? Existem mudanças que você gostaria de fazer no seu desenho? Quais?

Perguntas adicionais:
- O que faz o seu marido/parceiro? Como você o descreveria? Que faz com seu tempo livre? Trabalha? Em que?

- Descreva a cada um dos seus filhos.

- Como é a sua relação com os outros familiares? Como é sua relação com sua família estendida?

3. Minha vida pessoal

Faça um desenho das coisas que são significativas para você: incluir pessoas, coisas, atributos, etc., vale tudo. Distribua tudo na sua folha como você sente que estão na sua vida.

Há muitas ou poucas coisas desenhadas? A sua vida está cheia de coisas das quais você gosta? Ou está pobre de pessoas e atividades - unicamente as que você precisa fazer para poder sobreviver? Há muitas cores? A que conclusão você pode chegar olhando para o seu desenho? Quais as mudanças que você gostaria de fazer? Quais são possíveis?

Perguntas adicionais:
- Com que adjetivo você poderia descrever a sua vida atual? O que significa isto?

- O que você imagina que as pessoas pensam a seu respeito? Levam você em consideração quando tomam uma decisão? De quem são as opiniões que mais influenciam você?

Quantos amigos você têm? Você confia nos outros?

B. Minha relação comigo

4. Meu corpo

Faça um desenho do seu corpo. Não importa que saia torto... poucos são artistas. Utilize lápis colorido, se possível,e tente refletir sobre o que você sente a respeito do seu corpo.

E daí? Quais são as partes das quais você mais gosta? e as que menos você gosta? O que parece ser mais bonito? e o mais feio? Quais são as características especiais que fazem com que o seu corpo pertença a você? Com que palavra você descreveria? Você gosta deste desenho?

Perguntas adicionais:
- O seu corpo funciona bem? Como você se sente durante a menstruação? O seu corpo mudou depois da maternidade?

- O que você imagina que o seu marido/companheiro pensa a respeito do seu corpo? as outras pessoas?

- Como influi a sua visão do seu corpo na sua sexualidade?

Exercício adicional:
Peça as pessoas para que se olhem num espelho de corpo inteiro. Perguntar a cada uma como se sente, o que vê, o que há de positivo. Permita que as outras pessoas do grupo também possa dizer algo de positivo.

5. Minha sexualidade

Imagine que a sua sexualidade seja algum bicho ou animal. Que bicho seria? Você gosta deste bicho? Por que sim ou porque não? O que significa este animal para você?

Agora, faça um desenho deste animal e escreva uma curta história sobre ele. O que tem este animal a ver com a sua sexualidade? De que maneira você pode explicar o que você sente?

Perguntas adicionais:

- O que lhe ensinaram sobre sexo quando você era criança? Como lhe ensinaram? Como você ficou sabendo sobre coisas sexuais? Há outras experiências nesta área que você gostaria de compartilhar?

- Muitas crianças foram abusadas sexualmente quando crianças. Isto aconteceu com você? Não tenha vergonha de falar disto. As crianças não têm culpa do que fizeram com elas quando eram pequenas. Mas o segredo e o esforço de esconder tal informação é o que pode nos fazer mal.

6. Meus sentimentos

Se você participa de um grupo, tente compartilhar um pouco dos sentimentos ligados a suas experiências. Em geral, é muito difícil falar daquilo que dói muito na gente. Às vezes, temos vergonha de falar do que já passamos, ou pior, do que temos aguentado.

Nós cremos que é importante falar destas coisas, pelo menos, das coisas que já sentimos. Não falar muitas vezes significa que o veneno ligado a estes sentimentos continua nos matando pouco a pouco. Falar é uma forma de desabafo e de cura. Portanto, faça um esforço. Fale o que puder, mesmo que seja pouquinho.

Um dos sentimentos que existe dentro de mim é.................

O sentimento que tenho que eu mais gosto é....................

O sentimento que tenho que eu não gosto é....................

Quando eu fico com raiva eu me sinto.........................

Tenho vontade de chorar quando...............................

(Se quiser, você pode copiar as perguntas numa folha separada para distribuir ao grupo.)

Perguntas adicionais:
- Qual é o sentimento básico que você está experimentando neste momento?

- O que você pensa dos sentimentos? São amigos ou inimigos? Como poderiam ajudar você neste momento?

7. Minha espiritualidade

Os aspectos espirituais são parte das nossas vidas.

Geralmente, por estas vivências espirituais nos relacionamos com Deus. Sabemos que a relação com Deus não se pode representar numa folha de papel, mas é bom ter uma ideia de como está a nossa relação emocional com Deus e uma representação pode nos ajudar.

Faça um desenho da sua relação com Deus e outros aspectos espirituais significativos na sua vida neste momento.

Deus está presente? Você crê que Ele pode ajudar de alguma maneira? Como? Há alguém que poderia dar-lhe uma ajuda espiritual? Quem? Como?

Perguntas adicionais:
- O que significa a espiritualidade na sua vida? O que lhe ensinaram sobre Deus quando você era criança? sobre a Igreja? Você acredita que alguém poderia ajudá-la nesta situação? Quem? Como?

C. Meu marido (companheiro) e eu

8. Nosso momento atual

Faça um desenho de você e seu marido (companheiro) no momento atual.

Como estão vocês hoje? Que palavra descreve vocês? Estão perto um do outro ou longe? Que expressão transmite? Você gostaria que a sua relação fosse diferente? Em que coisas?

Perguntas adicionais:
-Como vocês se conheceram? Como era a relação de vocês logo depois de se casarem? O que mudou? Como é que as coisas foram mudando? Como estão hoje?

9. Papéis homem/mulher

Faça dois desenhos, um de um homem, outro de uma mulher. No seu desenho, tente expressar as diferença que há entre os dois.

Quais são as diferenças que você percebe no seu desenho? Comparando o seu desenho com os das suas companheiras de grupo, que você percebe? que têm em comum? de diferente?

Perguntas adicionais:
Você pensa que os homens têm certos direitos que as mulheres não têm? Quais seriam? As mulheres têm direitos que os homens não têm? Quais seriam?

- Os filhos (homens) devem ser educados de maneiras diferentes que as filhas? Por quê? Em que coisas?

- Se você tem irmãos e irmãs, seus pais os tratavam/elas de formas diferentes? Como?

10. História do casamento

Como vocês se conheceram? Como decidiram casarem-se/viver juntos? Faça uma linha do tempo e pontue os momentos importantes.

Compartilhe com seu grupo sobre o seu namoro e matrimônio. Como é que chegaram onde estão agora?

11. A sexualidade do casal

Faça um desenho de dois animais que representam a você e seu marido (companheiro), e sua sexualidade.

Sugestão:
Pode ser difícil falar da sexualidade, mas é muito importante fazê-lo. Verificar se todos têm toda a informação que precisam para tomar boas decisões no que diz respeito ao sexo. Se você puder, convide a um(a) médico(a), enfermeira(o) ou psicóloga(o) para que venha dar uma palestra e responder perguntas sobre o tema.

12. A violência

Faça um desenho do que significa a violência para você.

Que sentimento você tem ao vê-lo? De que se lembra?

Que experiências você já teve onde a violência esteve presente? Quando foi que isto aconteceu? Com que idade? Como você se sentiu?

Perguntas adicionais:

Por que você acredita que é agredida? Em que tipo de situação surge a agressão? Como você reage? Há testemunhas da agressão? Fazem alguma coisa?

Se há homens presentes na reunião:

O que você pensa ser a razão pela qual você apela para a agressão? Como reage? O que é que lhe incomoda? Como se sente depois?

Exercícios adicionais:

Mulheres: Faça um desenho de você mesma depois de ter sido agredida.

Homens: Faça um desenho de você depois de haver agredido a alguém.

D. Saindo Dessa

13. Meu futuro

Faça um desenho de como você imagina que será seu futuro com o seu cônjuge. Não se trata de por o ideal, ou de como você gostaria que fosse, mas desenhe o que você realmente acredita que será seu futuro com ele.

Que mudanças você percebe? Você gosta do que vê? Comente com seu grupo.

Se você não vê seu futuro com bons olhos, pare para pensar um pouco por que parece ser tão difícil introduzir as mudanças. Do que depende? O que você pode mudar no presente para mudar o futuro?

14. Meus filhos e minhas filhas

Faça um desenho dos seus filhos e suas filhas.

O que você percebe sobre os seus filhos e suas filhas? Como estão distribuídos no desenho? Quem está perto de quem? Quem se dá bem? Quem não se dá bem? Descreva a cada um dos filhos e filhas com um adjetivo. Se possível, compartilhar com suas companheiras de grupo.

Comentário:
É muito importante que as pessoas possam se colocar nos lugar dos seus filhos e filhas para sentir e perceber o que eles/elas sentem e percebem. Muitas vezes, somos capazes de mudar coisas nas nossas vidas por nossos filhos e filhas que não somos capazes de fazer por nós mesmas. Os nossos filhos e filhas podem servir como uma forte motivação em direção à mudança. Isto não deve servir para aumentar a culpa.

15. Uma carta

Imagine que você é um dos seus filhos ou uma das suas filhas. Escreva aqui o seu nome _____.

Agora, escreva uma carta a "sua mãe" contando-lhe como se sente vivendo nesta família, como a vê, como vê seu pai, as situações que estão vivendo, etc., mas da perspectiva de seu filho ou sua filha. Se você quiser fazer o exercício tipo dramatização, também pode.

O que você percebe sobre a sua situação familiar a partir da perspectiva do seu filho ou da sua filha? Compartilhar.

Há mudanças que você gostaria de fazer? Quais? Como?

16. A situação de violência

Agora temos um tempo para avaliar as alternativas para lidar com a situação que você está vivendo.

Quais são as alternativas que eu tenho para enfrentar esta situação?

a. Recursos internos

Que coisas posso mudar na minha conduta que teriam repercussão no comportamento do outro que me maltrata? Em outras palavras, quais são as coisas que eu faço que favoreçam ou fomentam as situações de violência?

b. Recursos externos

Quais são os recursos externos ao meu alcance?
- na minha comunidade, igreja, vizinhança, amigos(as)?
- na minha própria família?

É muito importante refletir sobre estas alternativas, porque eu posso controlar como vou enfrentar a situação de violência na minha vida. A pessoa pode se fechar dentro de si mesma e perder ainda mais a autoestima, ou tomar uma iniciativa de fazer alguma coisa por si e sua família. Lembre-se que as vítimas da violência não são as únicas que sofrem: também se deve tentar buscar ajuda para o agressor.

Também é importante tentar identificar os fatores que contribuem para manter a situação de violência para poder começar a mudá-los. É encorajador perceber que há recursos internos e externos disponíveis dos quais nem sempre nos damos conta quando estamos metidos no pânico da violência familiar.

17. Saindo dessa...

Agora você tem uma oportunidade de fazer uma avaliação da sua vida. Você já teve a chance de pensar sobre muitos assuntos diferentes nas últimas semanas. Já pode compartilhar suas experiências e pensar coisas novas. Como é que você quer que seja a sua vida daqui por diante?

Que expectativas você tem?

Quais são as possibilidades de conseguir realizá-las?

Como você poderá fazê-lo?

Precisa de ajuda? De quem? De que forma?

É importante aprender a avaliar. Uma vez tenha aprendido isto você pode parar e avaliar sua vida sempre que precisar. É um aprendizado que vira um estilo de vida. Da avaliação vem o diagnóstico, do diagnóstico vem a possibilidade de mudança. Somente podemos mudar aquilo que conhecemos e do qual temos consciência.

Conclusão

Esperamos que este caderno tenha sido útil para você. Pensamos que não se trata apenas de alguns exercícios, mas de um estilo de vida aonde se aprende a refletir e a analisar as coisas que acontecem com a gente. É importante saber que muitas vezes exercitamos mais controle sobre muitos aspectos das nossas vidas do que inicialmente somos capazes de perceber. Quando não mudamos algumas coisas na vida nos tornamos cúmplices da manutenção de situações que podem nos fazer mal (a nós e a nossos filhos e filhas).

Queremos encorajá-la a que continue o seu processo de crescimento emocional. É fundamental ter claro o que queremos da vida.

Esperamos que estes exercícios, e especialmente o compartilhar em grupo quando possível, sejam proveitosos e que possam guiá-las nas suas tentativas de encontrar uma vida mais digna e cheia de respeito humano e novas oportunidades.

Guia para Facilitadoras

Como utilizar este material?

Este material foi desenvolvido pensando nas pessoas vítimas da violência doméstica. É um caderno de trabalho, como se pode ver, e não simplesmente um livro de leituras. A ideia é que as pessoas possam refletir sobre as questões aqui expostas e esclarecer as situações de suas vidas. Quem sabe possam procurar novas alternativas de vida ou ajuda terapêutica, quando necessário.

O ideal é trabalhar em pequenos grupos (máximo 12 pessoas). Os encontros podem ser de até três vezes por semana (nas situações onde as pessoas desejam ou necessitam de um acompanhamento mais intensivo, como por exemplo, quando estão numa casa de refúgio ou recebendo consultoria socio-jurídica e psicológica), ou uma vez por semana (quando se trabalha a problemática enquanto as pessoas continuam nos seus lares.)

Sugerimos que as reuniões tenham hora para começar e hora para terminar, que a média de duração seja duas horas, e que se realizem as reuniões num lugar aonde não serão interrompidas e nem exista o risco que outras pessoas possam escutar o que se passa. As crianças não devem estar presentes para que os adultos possam falar livremente do que quiserem.

Tivemos o cuidado de fazer o caderno de forma que as pessoas que não saibam ler possam utilizá-lo também com proveito. Com algumas modificações, se pode aproveitar o material para trabalhar com homens, caso surja a necessidade. No caso de pessoas que não podem ler, a facilitadora deve ler as instruções para que todas possam seguir as indicações. Quando se pede algo por escrito, pode-se substituir por conversas em duplas, desenhos, ou dramatizações/role-playing. As pessoas que gostam de escrever e desenhar, podem aproveitar seus cadernos e fazer dele um tipo de diário onde põem seus comentários. Mas muito cuidado ao guardá-los para que possa resguardar a privacidade. Não se trata de alguma coisa que se deseja que outras pessoas leiam.

Talvez possam fazer juntas a primeira lição para melhor compreender a metodologia. Depois, para ganhar tempo, pode-se pedir que as pessoas façam os trabalhos em outro momento e tragam prontos para a discussão em grupos.

Ninguém dever ser pressionada a falar se não quiser. Em geral, estamos falando de assuntos difíceis e, de fato, muito dolorosos. Cada pessoa deve fazê-la na medida em que sente que precisa. Por outro lado, falar destas coisas pode ser muito curativo e terapêutico. Um dos problemas graves da violência doméstica é justamente o fato do segredo ao redor do assunto. Se conseguirmos falar, podemos romper o segredo e isto é saudável. Deve-se estimular a que todos participem, mas não forçar ninguém.

Algumas normas para as reuniões de grupo:

1. Manter o sigilo. Isto é essencial. Quando se dá início ao grupo de encontro, e cada vez que entra algum membro novo, é importante salientar que tudo que acontece no grupo deve ser guardado em segredo.

Cada pessoa tem o direito de compartilhar o que quer, quando quiser. Em relação aos sentimentos que estão ligados a questões de violência doméstica e de lealdade familiar, nem todos têm a mesma facilidade para falar. Saber que ninguém vai comentar fora do grupo é importante para poder estimular a confiança ao falar de fatos que possivelmente nunca se disse a alguém.

Também é uma questão de proteger os membros de grupo de futuras violências. Quem sabe pode fazer mal a alguma das participantes por causa de comentários feitos fora do grupo. Por exemplo, se um marido fica sabendo que a sua vida íntima foi comentada num grupo de reflexão, pode dar lugar a discussões inúteis e que podem levar a uma nova situação de violência. Isto queremos evitar de qualquer maneira.

2. Faça o compromisso de não faltar a não ser por razões extraordinárias. Para caminhar juntas é preciso estar juntas, comprometidas umas com as outras. Sentir a solidariedade de outras pessoas é muito alentador.

3. Não ofereça sugestões nem conselhos. Cada uma está vivendo da melhor forma que consegue. Não vivemos melhor por que não sabemos fazê-lo; não fosse assim, não haveria para que estar reunindo-se ao redor deste tema. De fato, muitas vezes estamos "enganchadas" em situações das quais não conseguimos sair, se não já teríamos feito isto. Muito cuidado ao tentar ensinar a outra pessoa o que fazer.

4. Confessar somente as suas próprias falhas. Podemos gastar séculos queixando-nos dos outros. As pessoas vítimas da violência não são culpadas pela violência, e a pessoa que agride à outra também precisa de ajuda urgentemente. Gastar todo o tempo da reunião simplesmente em queixumes sobre o que o outro nos fez não leva a nada.

Por outro lado, a pessoa deve poder compartilhar seus sentimentos e os fatos que são pertinentes ao que está vivendo ou que já viveu. Mas narrar um fato é diferente de queixume.

5. Aceite o que é dito, especialmente o que as pessoas expressam quanto a seus sentimentos. Se vocês não conseguem se abrir umas com as outras, aonde o farão? Cada uma tem o direito de sentir o que sente. Ponto final. Nada de recriminações e "ah, mas você não deveria se sentir assim".

6. Tenham hora para começar e hora para terminar. Cumprir o horário. Muitas pessoas que vêm dos seus lares podem ter problemas ao voltar para casa se se atrasarem. A ansiedade pelo horário pode fazer com que a pessoa não queira voltar.

7. Se alguém demonstra emoções fortes (choro, raiva, ira, etc.) deixe que as expresse. Não tenha medo dos sentimentos. É possível que outras pessoas do grupo também tenham dificuldade em lidar com as suas reações diante destes sentimentos, já que na questão dos maus-tratos, a raiva tem sido associada com a violência. É preciso diferenciá-los. Uma pessoa pode ter raiva sem que isto leve a violência, e também pode chorar sem que isto a leve a depressão.

8. Permita que quem quiser falar, fale, mas não obrigue ninguém a compartilhar. Tenha cuidado para que uma só pessoa não fale todo o tempo, mas que possam dividir o tempo de tal forma que todas que queiram conversar, possam fazê-lo.

. As pessoas que trabalham em grupo possivelmente podem ter a opção de deixar seus cadernos no local das reuniões. Se você tiver que trabalhar só, sugerimos que escreva ou desenhe no seu caderno, mas que guarde muito bem Quem sabe haverá alguma pessoa com quem possa compartilhar o que você escreveu, alguém da sua confiança que possa lhe ouvir e que possa ajudá-la de alguma maneira.

Para facilitadoras e facilitadores

Antes de começar a trabalhar com mulheres maltratadas é importante conhecer alguns aspectos significativos quanto aos mitos, estereótipos e dinâmicas familiares.

Há muitas explicações teóricas sobre a dinâmica familiar dos maus-tratos e encorajamos as pessoas que querem continuar neste tipo de trabalho que leiam o máximo que puderem sobre este assunto. Nós acreditamos que entre os membros da família se estabelecem relações de poder, de controle e de dependência afetiva. Frequentemente, as mulheres, tanto adultas como crianças, são vítimas das agressões por parte dos homens.

A violência da qual falamos não é apenas a física; muitas mulheres se queixam mais do abuso psicológico que de seus hematomas.

Há vários fatores que contribuem para que surja a violência doméstica. Um dos aspectos que mais nos preocupa é o fato que as crianças maltratadas na sua infância repetem o modelo que conheceram: os homens aprendem a agredir e veem isto como um direito seu; as mulheres aprendem a tolerar e aguentar, muitas vezes pensando que elas são culpadas e responsáveis pelo fato da agressão.

Por isto é que mencionamos alguns dos mitos populares a respeito da violência doméstica: primeiro, que a mulher é agredida por que ela fez algo que provocasse o homem. Ela é culpada e diretamente responsável pela violência. Trata-se de um mito que até os profissionais repetem, aumentando ainda mais a carga de culpa que a mulher carrega. Vemos entre as mulheres maltratadas que em geral elas creem que "merecem" tal tratamento. A sua autoestima é tão baixa que chegam a acreditar que não merecem ser tratadas com respeito e dignidade, por isto sua tolerância à violência - a níveis incríveis.

O segundo mito é que a mulher gosta de apanhar, como se fosse um ser "masoquista" por natureza. Em casos extremos, já ouvimos que bater na mulher é sinal de amor (!): "o marido que ama a sua mulher, deve bater nela". Há culturas que tem maior tolerância ao fato da violência doméstica, mas não se pode contribuir para que se mantenha o mito que a mulher gosta deste tipo de tratamento. Nunca lhe faz bem e sabemos de casos onde mulheres morreram nas mãos de seus maridos descontrolados. Também conhecemos muitos casos onde a mulher foi para cadeia porque matou seu marido em defesa própria, depois de ter aguentado anos de violência; no entanto, os maridos que matam a suas mulheres em geral não vão para a cadeia porque têm o "direito" de "lavar sua honra com sangue".

Por isto se fala do "sofrimento dobrado" da mulher maltratada; a violência em si, e o silêncio da família e da sociedade (e da igreja...) em relação ao que está acontecendo. A tolerância social e a proteção oferecida ao agressor se perpetuam devido à falta de denúncia. Todos estes mitos e preconceitos contribuem para isolar a mulher maltratada, fazendo com que se vá resignando a sua situação de vítima.

É importante ressaltar que não existe um "perfil psicológico típico" da mulher maltratada. Ela não apresenta uma situação muito diferente da que se encontra na população em geral. A mulher maltratada se encontra dentro de todos os meios sociais e econômicos, em qualquer faixa etária ou de escolaridade. Lamentavelmente, sabemos que até nas igrejas encontramos mulheres maltratadas, guardando seus terríveis segredos. A igreja não é exceção.

Porque as mulheres toleram a violência?

Como dissemos anteriormente, para algumas este foi o modelo de família que tiveram. Para estas mulheres, viver em família significa conviver com a violência. Não percebem que há outras maneiras de viver ainda que gostariam de conhecê-las.

Para outras mulheres, aguentar a violência é uma forma de manter o núcleo familiar. Há aspectos culturais que contribuem para isto. Até os provérbios populares/familiares contribuem para isto. No Equador, há os que dizem, "Marido é: mesmo que bata, mesmo que mate, marido é". As mães, as tias, e outras mulheres da família insistem em que as mulheres devem aguentar tudo (e caladas) para poder manter a "unidade familiar". No Brasil, há um refrão que diz, "ruim com ele, pior sem ele" - com isto se ensina às mulheres que são incapazes de viver sem a presença de um homem nas suas vidas, por pior que ele seja.

Também se deve lembrar os estereótipos femininos que a sociedade e a família impõe: as mulheres devem ser doces, passivas, subservientes a suas famílias, etc. Isto faz com que a mulher se torne ainda mais vulnerável à violência, arriscando atitudes passivas em face a situações de agressividade.

Há crenças religiosas que contribuem para manter o maltrato doméstico. Muitas denominações cristãs não permitem o divórcio nem a separação. A mulher que quer deixar o seu marido por questões de violência terá que enfrentar a rejeição social e eclesiástica num momento onde está sumamente sensível. Cremos que todo pastor ou padre deve ter temor a Deus antes de aconselhar a uma mulher que volte a seu lar para continuar vivendo com um marido que lhe maltrata fisicamente, a ela e a seus filhos e filhas. Conhecemos casos onde isto resultou na morte da mulher.

Estudos recentes também tem demonstrado como o trauma "congela" as lembranças no cérebro. (Lembrem-se da mulher de Ló?) E o trauma obriga, de certa forma, a repetir condutas. A violência gera trauma, e o trauma gera violência. O bom é que agora há tratamentos científicos que podem curar estes traumas e libertar as pessoas de padrões de violência. A terapia EMDR (Eye Movement Desensitization and Reprocessing – Dessensibilização e Reprocessamento por meio de Movimentos oculares) hoje oferece o alívio de saber que pode transformar essas lembranças aterradoras em passado, ao possibilitar a modificação da percepção a nível neuroquímico.

Por estas e outras razões, tentamos ajudar às mulheres a desenvolverem um novo sentido para suas vidas; que cresçam na sua autoestima, que possam aprender a valorizar-se como pessoa, como mulher, como mãe, como profissional. Este caderno tem o propósito de ajudar as mulheres maltratadas a ganharem uma nova percepção a respeito de si mesma, de sua família e de suas situações.

Desejamos que possam encontrar soluções mais saudáveis para suas vidas. Queremos ajudá-las a romper a barreira do silêncio que mantém a tantas caladas e torturadas.

Finalmente, esperamos que na medida em que a mulher puder mudar sua situação, poderá transmitir ao homem agressor o fato que eles também precisam de ajuda. É preciso que os homens percebam que esta forma de comunicação em família faz mal a eles também já que lhes priva da possibilidade de resolver seus conflitos de forma saudável. E em última análise, lhes privam da convivência familiar feliz que muitos tanto almejam.

Recomendações para facilitadoras

Acreditamos que não é necessário ser profissional para desenvolver o papel de facilitadora com grupos de trabalho sobre a problemática dos maus-tratos e da violência doméstica. Na verdade, cremos que as melhores facilitadoras são justamente aquelas pessoas que passaram por tais experiências e conseguiram sair delas.

Cremos no trabalho leigo, mas também acreditamos que é importante uma constante capacitação sobre os temas tratados.

A pessoa que quer se envolver neste trabalho deve ter algumas características e habilidades que consideramos muito importantes:

1. Ser imparcial. Não fazer juízos de valor. Uma pessoa que não esteja passando pelo que está passando a outra pessoa lhe custará crer ou sentir o que a pessoa está sentindo. Não é justo juntar culpa ao sofrimento da pessoa maltratada. (Além do mais, a pessoa é capaz de sair do grupo por esta razão.)

2. Ser sensível, solidária e compassiva. Não faça perguntas por curiosidade. As perguntas devem ser feitas somente para esclarecer o que está acontecendo ou o que a outra pessoa está sentindo. Pergunte a pessoa como você pode ajudar.

3. Ouvir. Quando você tiver terminado de ouvir, ouça mais um pouco. Você não tem que ter as respostas nem sentir que tem que resolver a situação. Não podemos nos atribuir o papel de Deus Todo-poderoso. A tentação de por um fim ao sofrimento de uma pessoa pode nos levar a querer resolver tudo. Não se deve sucumbir a esta tentação. Além do mais, se fazemos tudo por ela, privamo-la da possibilidade de aprender a resolver seus próprios problemas e a escapar das situações que a vida lhe traz. A intervenção deve limitar-se a situações de vida, morte e perigo físico para as pessoas envolvidas.

4. Use uma linguagem simples. É muito importante falar com clareza e de forma simples segundo as características de cada grupo. Também não se deve ter vergonha de falar, esclarecer e ouvir os aspectos significativos do que se está compartilhando.

5. Esteja informada sobre lugares de ajuda imediata na sua comunidade, tais como casas de refúgio para mulheres e/ou crianças, lugares que ajudam pessoas em situações de urgência, médicos, enfermeiras ou outras pessoas na área de saúde que possam ajudar com os primeiros socorros. Saiba aonde, como e quando encaminhar com segurança. Visite primeiro os lugares e fale com as pessoas encarregadas para conhecer pessoalmente como funciona o lugar e como se deve fazer o encaminhamento. Também ajuda para que você possa explicar à pessoa interessada o que lhe espera quando chegar lá no caso que você não possa acompanhá-la.

6. Conheça um pouco do básico sobre as leis que regem as questões da violência. Anotem fatos importantes caso algum dia seja chamada a depor ou dar testemunho, sempre resguardando questões de sigilo e a proteção das pessoas.

Finalmente, é importante assinalar que o trabalho com grupos é imprevisível; de fato, nunca se sabe o que vai acontecer. É importante levar isto em consideração para que não se gere angústias desnecessárias (na facilitadora ou entre os participantes). Afinal, a facilitadora também não deve exercer pressão sobre as participantes.

Sobre Tratamento Profissional
para Pessoas Saindo da Violência

Uma das coisas que vagarosamente está mudando a face do tratamento profissional de pessoas saindo de violência são as novas terapias de reprocessamento, especialmente a terapia EMDR, devido a sua rapidez e eficiência em tratar e resolver experiências traumáticas. Já que entendemos que as pessoas que saem de situações deste gênero viveram em um contexto de grande risco e vulnerabilidade, a terapia EMDR passou a ser a ferramenta preferida para tratar essas pessoas.

A terapia EMDR – Eye Movement Dessensitization and Reprocessing (Dessensibilização e Reprocessamento pelos Movimentos Oculares) foi descoberta por Dra. Francine Shapiro em 1987 nos Estados Unidos. De lá para cá, mais de cem mil terapeutas foram capacitados mundialmente na abordagem que hoje representa uma mudança de paradigma na psicoterapia. Só no Brasil tem mais de mil e quinhentos terapeutas formados.[1]

Entendendo que traumas e lembranças dolorosas são armazenados de forma mal adaptativa no cérebro, a terapia EMDR é capaz de reprocessar os medos, fobias, terrores, e ansiedades vinculadas às lembranças difíceis que mantém suas vítimas presas aos fantasmas do passado através da integração da informação que se encontra dissociada entre os dois hemisférios cerebrais.

---

[1] Veja a página de *Procure um Profissional* no site de www.emdrbrasil.com.br

De forma acelerada e adaptativa, a terapia EMDR "imita" de certa maneira o que acontece com as pessoas durante a etapa do sono. O movimento rápido ocular (sono REM – *Rapid Eye Movement* – Movimento Rápido Ocular, característica do que acontece ao sonhar) está presente no cérebro enquanto processa a informação diária e arquiva adaptativamente ao passado.

Por alguma razão ainda não completamente compreendida, em determinadas situações as pessoas não conseguem realizar este processamento de forma normal e saudável, da onde possivelmente advêm os pesadelos, sobressaltos, pensamentos intrusivos e obsessivos, ataques de pânico e em casos mais graves o Transtorno de Estresse Pós-Traumático (TEPT) e suas consequências. Em casos mais excepcionais podem chegar aos Transtornos Dissociativos de Identidade quando possuem histórias de traumas crônicos, repetitivos e constantes, que ocorreram especialmente na infância.

Para aplicar a terapia EMDR, o psicoterapeuta deve capacitar-se junto a cursos credenciados[2] onde será ensinado de forma teórica e prática como manejar as oito fases que estruturam a característica do tratamento.

Atualmente há mais de 200 estudos científicos com metodologia clínica rigorosa e uma revista indexada especificamente dedicada ao estudo de EMDR (*Journal of EMDR Practice and Research*[3]) que comprovam a cientificidade dessa abordagem. A Organização

---

[2] www.emdrtreinamento.com.br
[3] http: www.springerpub.com/product/19333196

Mundial de Saúde (OMS) aprovou a terapia EMDR como uma das duas psicoterapias eficazes no tratamento de estresse pós-traumático. Possui o selo do *National Registry of Evidence-based Programs and Practices (NREPP)* do governo norte-americano.[4] A comprovação cientifica da eficácia do EMDR é atualmente inegável[5]

Por se tratar de um tratamento profissional, não entramos em maiores detalhes no decorrer deste manual, já que a proposta aqui é oferecer uma ferramenta que as próprias pessoas leigas possam manejar. Mas o trabalho estaria incompleto sem informar aos leitores que já possuímos formas eficientes de tratar traumas e experiências difíceis que advém, muitas vezes, de experiências adversas na infância e sem dúvida das situações de violência atuais..

É provável que as pessoas que saem de experiências de violência precisarão também de atendimento profissional. Gostaríamos de insistir que cada vez mais fosse conhecida essa abordagem que tanto pode amenizar este sofrimento. Para os que gostariam de assistir sessões de terapia EMDR podem fazê-lo no youtube.com [6]no canal do EMDR Brasil. Ali também encontrará uma palestra explicando por que se deve tratar os traumas e como a terapia EMDR pode ser útil para essa finalidade.

---

[4] http: nrepp.samhsa.gov/ViewIntervention.aspx?id=199
[5] Veja a lista de pesquisas disponíveis no site de www.emdrbrasil.com.br
[6] https://www.youtube.com/user/EMDRBRASIL

Recursos e Ferramentas Adicionais

Se você gostaria de receber mais informações através das nossas correspondências, inscreva-se a nossa lista: http://bit.ly/1E9FH8Z

Companheiros de Jugo, Praça do Encontro, WWW.pracadoencontro.com.br ou www.Amazon.com.br

Caderno de Oração, por Esly Regina de Carvalho, Ph.D, Praça do Encontro, WWW.pracadoencontro.com.br ou www.Amazon.com.br

Curando a Galera que Mora Lá Dentro, por Esly Regina de Carvalho, EMDR Treinamento e Consultoria Ltda. WWW.emdrbrasil.com.br ou TraumaClinic Edicoes WWW.traumaclinicedicoes.com.br ou www.amazon.com.br

Cuidemos de Nosso Lideres, por Esly Regina de Carvalho, Ph.D. Praça do Encontro, WWW.pracadoencontro.com.br ou www.amazon.com.br

Jogos Dramáticos para Cristãos, por Esly Regina de Carvalho, Ph.D., Reino Editorial. www.reinoeditorial.com.br

Bibliodrama, por Esly Regina de Carvalho, Ph.D. Praça do Encontro. WWW.pracadoencontro.com.br

Quando o Vínculo se Rompe, Esly Regina de Carvalho, Ph.D., Editora Ultimato. www.ultimato.com.br

Saúde Emocional de Vida Cristã, Esly Regina de Carvalho, Ph.D. Editora Ultimato. www.ultimato.com.br

Cura Emocional em Velocidade Máxima, por David Grand, Ph.D., EMDR Treinamento e Consultoria Ltda. WWW.traumaclinicedicoes.com.br   ou www.amazon.com.br

A Revolução EMDR, de Tal Croitoru. TraumaClinic Edições,   WWW.traumaclinicedicoes.com.br   ou www.amazon.com.br

A maioria destes livros está disponível também em e-book pela Amazon.com.br.

Deixe sua avaliação sobre este livro na Amazon, para que outras pessoas possam aproveitar a sua opinião:

http://bit.ly/1zCQfff

Sobre a autora

Durante mais de 20 anos **Esly Regina de Carvalho, Ph.D.**, doutora e mestre em psicologia, tem se dedicado à área de saúde emocional: como psicóloga na prática clínica; como capacitadora, oferecendo formação em distintas modalidades terapêuticas, tais como EMDR®, Brainspotting e Psicodrama; como autora, compartilhando e socializando sua experiência com outros; e através de apresentações públicas, palestras e estudos que ajudam às pessoas enfrentar os desafios da vida, tanto no Brasil quanto em outros países da América Latina, Estados Unidos, Portugal e Espanha.

Psicóloga e psicoterapeuta brasileira, Esly teve seu primeiro contato com EMDR (Eye Movement Desensitization and Reprocessing - Dessensibilização e Reprocessamento por meio de Movimento Ocular, uma nova abordagem psicoterapêutica no tratamento de traumas e lembranças dolorosas) nos Estados Unidos em 1995. Fez a sua formação básica neste método de psicoterapia em Denver, EUA, em 1996 e 1997, quando morava naquele país, este último com a própria Dra. Francine Shapiro. Quando voltou a morar no Equador, levou consigo a proposta de formação e eventualmente foi certificada com Facilitadora (2001) pelo EMDR® Institute dos EUA, fundado por Dr. Shapiro, quem descobriu e desenvolveu essa nova abordagem psicoterapêutica para o reprocessamento dos traumas.

O EMDR Institute lhe concedeu o reconhecimento como Trainer of Trainers (Treinadora de Treinadores) em 2006, e presidente da EMDR Ibero-América (EMDR IBA), triênios 2007-2010 e 2010-2013. Ela faz parte da equipe da

Equipe Ibero-Americana, que capacita a clínicos na América Latina em espanhol e português. Esly é perfeitamente fluente em inglês, português e espanhol.

Esly também foi certificada como *Trainer, Educator, Practitioner (TEP) of Psychodrama pelo American Board of Examiners in Psychodrama, Sociometry and Group Psychotherapy*, dos Estados Unidos, a única brasileira a ter passado os exames (*com distinção*) para a certificação norte-americana.

Em grande demanda pelas suas apresentações públicas, Esly está dedicada a levantar uma geração de profissionais que se comprometam com a saúde emocional dos seres humanos com quem convivem, e aliviar a dor daqueles que sofrem.

Depois de residir muitos anos nos Estados Unidos, Equador e Bolívia, Esly está atualmente radicada em Brasília, Brasil, onde dirige a **TraumaClinic** (www.traumaclinic.com.br), uma clínica especializada no atendimento de trauma, ansiedade e depressão com terapia EMDR. Esly é casada e desfruta também da vida de avó.